Ida Wichtig
WICHTIG HOCH VIER!

Für die IKEA-Familie:

Ida, Klara, Emil und Anna

Ida Wichtig

WICHTIG HOCH VIER!

Illustriert von
Ida Wichtig
(Wie könnte es auch anders sein?!)

© 2012 Ida Wichtig

Herstellung und Verlag:
BoD – Books on Demand, Norderstedt
ISBN-13: 978-3-8482-2255-1

Die Deutsche Nationalbibliothek verzeichnet
diese Publikation in der Deutschen National-
bibliografie; detaillierte bibliografische Daten
sind im Internet über www.dnb.de abrufbar.

Die Familienmanagerin

Wer behauptet, die Hausfrauen von heute hätten Stress, der lügt. Die Hausfrauen von heute gibt es nämlich gar nicht! Vorbei sind die goldenen Zeiten, in denen adrette Damen mit auftoupierter und betonharter Lockenwicklerfrisur sich ein zweites Loch in den Allerwertesten freuen konnten, nur weil sie es geschafft haben, dank „Weißer Friese" oder „Furiel" die versifften Klamotten ihrer verschmörgelten Kinderschar wieder blütenweiß zu kriegen. Keine moderne Frau würde heute noch einen multiplen Orgasmus bekommen, weil der Hemdskragen ihres Ernährers so schön steif gestärkt ist. Lieber sehen wir selbst - ohne Bügeleisen als Accessoire - so rattenscharf aus, dass sich alles an unserem Liebsten ganz von allein versteift ... Heute gilt es nicht mehr als besonderer Segen, wenn eine Ehefrau und Mutter zu Hause bleiben kann. Unser Gedeih und Verderb hängt einzig und alleine davon ab, ob uns der Spagat zwischen den banalen häuslichen Pflichten und der „wichtigen" Welt da draußen gelingt. Wir wollen und dürfen unserem Schatz nicht mehr nur Berichte über die Stuhlgangfarbe in der Windel liefern. Um interessant und präsentabel zu bleiben, sollten wir auch dann nicht allzu debil aus der Wäsche gucken, wenn unser Mann von Welt wissenschaftliche Kollegen anschleppt, die nur Japanisch und ein paar Brocken Englisch sprechen und mit uns über die südostslaubiesische Staatsregierung debattieren möchten. Abgesehen von den Erwartungen unserer Umwelt erwarten wir selbst von uns ebenfalls viel mehr, als „nur" Hausfrau zu sein. Vor einer Woche saß ich vor dem Fragebogen, den ich als Zeugin eines Verkehrsunfalls wahrheitsgemäß auszufüllen hatte. Bedrohlich grinste mir – nach „Name", Wichtig, „Vorname", Ida, – die Zeile mit dem kleingedruckten Text „Beruf" entgegen. Lieber hätte ich mir den kleinen Finger abgehackt als dort hinein „Hausfrau und Mutter" zu schreiben. Das Image dieser Begriffe, besonders in dieser schabrackenhaften Kombination, erscheint mir für mein komplexes Aufgabenfeld doch zu angestaubt und einfältig. Ich ließ das Feld erst mal frei und ging gedanklich auf die Reise durch meinen Alltag. Natürlich bin ich ab und zu megagefrustet. Dann schieße ich tagelang wild und ziellos um mich, maule und frotzele, dass ich doch nur der Depp vom Dienst bin, lasse trotzig die Wäsche im Wäschepuffer vor sich hingammeln (welche jedoch geduldig abwartet, bis ich mich wieder eingekriegt habe) und koche nur eklige Instantsuppe. Pech für mich! Ich bin nämlich unter der Woche die einzige, die mittags zu Hause essen muss. Mein Mann Emil bekommt von meinem Streik nichts mit; er verdrückt genau wie sonst in der Mensa sein komplettes Mittagsmenü. Unsere Vierjährige isst im Kindergarten, und die Babyfläschchen bleiben

TOLL
TØCC
TØCC
TOLL
SIMPLY
THE
very
BEST

ebenfalls von der Fertigterrine unberührt. Aber immerhin: den Dienst am Herd habe ich erfolgreich verweigert! Auf Anhieb wären mir für den Zeugenfragebogen gleich mehrere Berufe eingefallen, die ich anführen hätte können: Putzfrau und Köchin; Erzieherin natürlich auch, Kinderkrankenschwester, Chauffeur, Psychologin, Näherin, Spielzeugreparateurin, Innenarchitektin und Dekorateurin. Manchmal komme ich mir auch vor wie im Call Center. Am wichtigsten aber ist in meiner derzeitigen Lebenssituation Organisations-talent. Da sind Ballett- und Spielgruppentermine zu koordinieren, Einkäufe zu planen und Verabredungen der Kinder mit Freunden unter einen Hut zu bringen. Darüber hinaus bin ich ja auch noch die Sekretärin und persönliche Assistentin meines Mannes für alles, was sich nicht in der Universität abspielt. Ich muss im Kopf haben, wann er zum Zahnarzt gehen sollte oder zur Vorsorgeuntersuchung, und würde ich ihn nicht zum Friseur schicken, so würde er vermutlich zwei Biene-Maja-Haarklemmen unserer Tochter zweck-entfremden, um noch aus seiner zugewucherten Haarmatte rausgucken zu können. Ein Manager bin ich, jawoll! Wie in der Werbung, die es vor einiger Zeit im Fernsehen gab: „Ich leite ein erfolgreiches kleines Familienunternehmen." In die Spalte im Zeugenfragebogen schrieb ich letztlich „Familienmanagerin".

So rrramontisch!

Es ist köstlich, bei immer neuen Gelegenheiten Mitmenschen zu frappieren, konsternieren, desillusionieren. Besonders gut klappt das, indem man gegenüber Bekannten, die einem (noch) nicht sehr nahe stehen, einfach die Wahrheit erzählt.
Wer hat nicht in seinem näheren Umfeld Dutzende von Hobbyvoyeuren, die immer ganz genau wissen wollen, wie man sich denn überhaupt kennen gelernt und wie sich alles entwickelt habe. Die ersten Reaktionen von Überraschung bis Fassungslosigkeit erkenne ich im Gesicht meines Gegenübers gleich nach meiner Eröffnung: „Mein Mann hat mich im Internet angechattet." „Waaas? Dein Mann? Der wirkt doch immer so ... na, Du weißt schon ..." Hallo? Internet ist kein Synonym für Swinger Club!!! Kommt mal wieder auf den Teppich, Freunde. Schließlich hat das World Wide Web doch offensichtlich eine wunderbare Legierung gegossen! Wenn ich in Erinnerungen schwelge, nickt mein Mann Emil: „Jajaja, das war alles so rrramontisch!" Dieser gefühllose Zyniker! Dabei ist unsere vermutlich die schönste Liebesgeschichte gleich nach Romeo und Julia, Harry und Sally, Susi und Strolch, Siegfried und Roy, Calvin und Klein ...
Auf die Message „ ... wenn du mein Profil nicht völlig abstoßend findest, kannst du ja mal mit mir Kontakt aufnehmen ..." in meinem Postfach antwortete ich unverzüglich und mitleidsvoll. Er

klang so selbstbewusstlos – ich schloss sofort auf einen tiefenpsychologischen Komplex. Unser erstes Treffen fand Monate später statt, als ich felsenfest überzeugt war, dass der arme Tropf krank vor Liebeskummer sei und seelischen Beistand bitter nötig habe. Wider mein vermeintlich besseres Wissen entspann sich eine Art Freundschaft, in der er mir verständlicher-weise sein Herz öffnete; schließlich zeigte ich jede Menge Empathie und Sensibilität mit Sätzen wie: „Also so eine blöde Frau, wie Du sie brauchst, musst Du auch erst mal finden." Todsicher leuchtete hinter mir in diesem Augenblick ein roter, blinkender Pfeil: „Nimm die!!!" Meiner Freundin vertraute ich kurz darauf an, dass man mir „diesen Biologen nackt auf den Bauch binden könne, und ich würde ihn mit mir rum tragen bis die Stricke durchgefault wären". Im Gegenzug eroberte er mein Herz mit unschlagbaren Komplimenten wie: „Dein Haar sieht aus wie verrostete Putzwolle". Wäre da nicht jede Frau schwach(sinnig) geworden?
Und dann schenkte er mir auch noch diese saublöde, sauteuere Flasche sauguten Rotwein! Wie gern hätte ich mir die in gemütlicher Einsamkeit hinter die Binde gegossen! Moralisch fühlte ich mich aber genötigt, ihn dazu einzuladen, und eine Einladung zum Besäufnis am Sonntag Nachmittag hätte ein ziemlich schlechtes Licht auf mich geworfen. Erschwerend kam hinzu, dass ich meine

DER WILL JETZT SEX DER WILL JETZT
DER WILL JETZT SEX DER
SEX JETZT SEX DER
WILL JETZT SEX
WILL JETZT DER
DER AHHHH HILF AA
S WILL AAA
JETZT WILL JE AA
WILL JE SEX DER
WILL JETZT SEX TZT SEX JETZT
SEX DER WILL JETZ DER WILL GANZ BESTIMMT
SEX BESTIMMT T WILL DER JETZT
SEX DER GEHT OHNE EUIE WIEDER HEIM....
Hey, ich bin
'ne sau -
teuere
Flasche
Wein....
Du musst
ihn einladen!
l.W.

einjährige Tochter Anna nicht einfach weghexen konnte. Also musste ich den Weinschenker zu allem Überfluß fragen, ob er nicht Lust verspüre, abends mein geschütztes Schneckenhaus mit seiner männlichen Präsenz zu entweihen! So kam es also, dass dieser Genmanipulator bei mir auf dem Sofa saß, ich ihm in weinseliger Stimmung meine noch nicht veröffentlichen Memoiren enthüllte – endlich hörte sich einer den ganzen verkorksten Mist noch mal von vorne an! – und schließlich – schon leicht angedüdelt! – losheulte. Diese Schafsnase ... er nahm mich tröstend in den Arm – und missdeutete meinen angstvoll galoppierenden Herzschlag womöglich auch noch als freudige Aufwallung. Dabei zischelte mir diese kleine, misstrauische, inzwischen revirginisierte Ida ins Ohr: „Der will jetzt Sex. Männer sind alle so! Bloß nicht entspannen! Der geht sonst ohne nie wieder heim! Der Mann soll sofort weg!!!"

Wie schon meine weise Tante Kunni zu sagen pflegte: „Ist beim Weibchen Paarungszeit – kein Männchen find`t sich weit und breit!" Und im Umkehrschluss: „Hast du für Kerle keinen Geist, kommt einer just, der darauf ... keine Rücksicht nimmt." Ich jedenfalls hatte mir geschworen, nie wieder meinen Wäscheständer wegzuräumen, der vor der anderen Seite meines Doppelbetts aufgebaut war! Ohrfeigen hätte ich mich wollen, ja, mir die Rübe mit Sandstein reiben, als ich von diesem Samstag Abend an, der übrigens physisch absolut keusch über die Bühne ging (schade eigentlich!), nur noch an diesen Mückenforscher denken konnte! Wo war meine Kunst der Verdrängung? Vergessen, und zwar schleunigst! Weg! Weg damit von meiner Festplatte! Gibt's für solche Notfälle eigentlich einen Reset-Button? So eine Gefühlsduselei muss schließlich nicht sein! Tut nur weh! Schließlich war ich keine *Drosophila melanogaster* und von daher für ihn nicht von ausbaufähigem Interesse!

Der nächste gemeinsame Sonntagsausflug rückte unaufhaltsam näher. Wir waren im tiefverschneiten Winterwald – „wie rrramontisch!" – und danach bei ihm zum Tee. Er goss gerade heißes Wasser in die Kanne, drehte sich nichts Böses witternd um und ... Schnitt!

Welch ein filmreifer Kuss! Scarlett O´Hara und Rhett Butler wären puterrot bis unter die Haarwurzeln angelaufen, so vampartig fiel ich den Mückenfuzzi an.

Und in meinem Bauch schwirrten lauter kleine Obstfliegen durcheinander ...

Agentur für Wahnsinn

Jüngst fiel bei einer angeregten Unterhaltung mit einem befreundeten Ehepaar der Begriff „Corporate Identity". Ich nickte weise und befragte im stillen Kämmerlein mein Fremdwörterlexikon: „Erscheinungsbild einer Firma in der Öffentlichkeit". Auf den ersten Blick klingt das bahnbrechend neu und clever. In Wahrheit aber ist das doch alles kalter Kaffee! Sogar die deutschen Behörden wissen das schon längst (wenngleich dort todsicher niemandem diese geniale Vokabel geläufig ist). Das Ganze fängt natürlich schon beim Namen an! Bereits vor Jahren sollte das ehemals trist anmutende Arbeitsamt neuen Wind und Aufschwung durch die Taufe auf den Namen „Agentur für Arbeit" erfahren.

„Agentur" – das klingt gleich nicht mehr nach frustrierenden Arbeitslosenquoten und schnarchzapfigen Beamten! Da fällt mir Modelagentur oder Werbeagentur ein! Ich denke an ein Unternehmen, das unmittelbar am Puls der Zeit sitzt; ich sehe vor meinem geistigen Auge junge, tüchtige und weltmännische Karrieremenschen wie in einem Ameisenhaufen herumwuseln und Überstunden schieben. Sie telefonieren an gigantischen Telefonanlagen mit tausend Funktionen in Konferenzschaltungen und identifizieren sich bis zur Unkenntlichkeit mit ihrer Tätigkeit. Ich hatte es zumindest nicht für völlig ausgeschlossen

gehalten, dass der staubige Aktenmief im ehemaligen Arbeitsamt tatsächlich einem solchen oder ähnlichen Betriebsbild gewichen sei – bis ich selbst zwangsläufig mit der modernen Agentur für Verarschung zu tun bekam. Als nämlich mein Mann Emil und ich unsere Hochzeit und damit verbunden meinen Umzug von Bayern nach Göttingen planten, musste ich mich wohl oder übel mit derselbigen Behörde in Verbindung setzen. Als gesetzesgläubiger Bundesbürger rief ich also dort an und klärte im Voraus ab, zu welchem Zeitpunkt ich mit meinem Noch-Arbeitgeber den Auflösungsvertrag unterzeichnen sollte, um keine Sperrfrist zu erhalten. Als ich dann jedoch meinen Auflösungsvertrag zu eben diesem Datum bei der Agentur für Meinungsumschwung einreichte, legte der Sachbearbeiter die Stirn in Sorgenfalten und konstatierte einen „Sperrfrist auslösenden Sachverhalt", da „kein wichtiger Grund im Sinne des Gesetzes" vorliege. Ach nö, wie drollig! Ich hätte mir ja bitteschön auch einen Mann an meinem Arbeitsplatz suchen können, damit keine Diskrepanz zwischen meinem Liebes- und Erwerbsleben entsteht und ich das Arbeitsamt nicht in seiner ganzjährigen Winterstarre stören muss ...
Als ich mich vernünftigerweise in Göttingen – wo ich ja auch vorhatte, zu arbeiten! – auf Stellenausschreibungen beworben hatte und zu diversen Vorstellungsgesprächen eingeladen wurde, ereiferte sich das Arbeitsamt meiner früheren

Heimatstadt, dass ich mich auf keinen Fall vom Ort der Zuständigkeit hätte entfernen dürfen, da ich mal eben nicht in Göttingen, sondern hier arbeitslos gemeldet sei. Na logo, ich hätte mich also auch noch in der Zeit bis zur offiziellen Wohnsitzummeldung in dem Ort bewerben sollen, von dem ich wegzuziehen gedachte! Im Nachhinein glaube ich, die Mitarbeiter der Agentur für Hirnrissigkeit waren einfach generell damit überfordert, dass ich mich nicht brav daheim aufs Sofa setzen und im Doppelripp-Unterhemd friedlich ihre Überweisung abwarten wollte. Wie konnte ich mich anmaßen, in Eigenregie auf Stellensuche zu gehen und damit das Hoheitsrecht der Arbeitsvermittlung zu missachten?! Wer mich kennt, den wird es nicht verwundern, dass meine Familie in dieser Zeit mit Anekdoten und Abenteuern aus dem Arbeitsamt ohne Pause zugetextet wurde. Irgendwo musste ich ja meinem Ärger Luft machen! Es verging kaum noch ein Tag, an dem ich nicht über die Agentur für Borniertheit schwadronierte. Arbeitsamt, Arbeitsamt, Arbeitsamt ... meine damals dreijährige Tochter hörte kaum noch etwas anderes.

Als Ich mich endlich mit der Machete durch den Paragraphendschungel geschlagen hatte und die Hochzeitsglocken läuteten, schwelgten wir in Glückseligkeit. Emil heiratete mich und meine kleine Tochter Anna gleich dazu. Im Standesamt – von welchem in unseren Gesprächen trotz bevorstehender Eheschließung zehn mal weniger die Rede war als von besagter Gruselagentur – bekam sie bei der Zeremonie sogar ebenfalls einen kleinen silbernen Ring.

Fünf Tage nach unserer phänomenal romantischen, allen Ärger im Vorfeld aufwiegenden Hochzeit standen meine Kleine und ich im Supermarkt an der Kasse. Die ältere Dame vor uns bewunderte den winzigen silbernen Ring, den unser Kind voller Stolz an einer Kette um den Hals trug. „Na, wo hast du den denn her?", fragte die nette Omi meine Tochter. Diese antwortete wie aus der Pistole geschossen: „Vom Arbeitsamt!"

ANNA -NEIN - SAG NICHT
SOWAS -
SAG ES
BITTE BITTE
WIR SIND,
IN DER ST
KANNST MICH
SO BLAMIEREN
DIE SCHÖ
ZET MIT
KUTSCH
......
SHIT!
SÜFFEL
Nudeln
SAG NICHT
PSST... -
NICHT...
BITTE BITTE
DOCH NEU
ADT-DU
DOCH NICHT
DENKAN
NE HALT-
D

Wolle, die Krücke

Beim Kochen spitzte ich plötzlich die Ohren. Was hatte der Radiomensch gesagt? „Im Münsterland fiel so viel Schnee, dass Hochspannungsleitungen gekappt wurden. Vor allem im Kreis Borken sitzen viele Gemeinden ohne Heizung und Strom im Dunkeln."

Münsterland? Borken? Da war doch was ... Wolle, die Krücke! Mein Exfreund Wolfgang saß also stromlos im Schneechaos fest. Ich nenne ihn zärtlich „die Krücke", weil unsere gemeinsame Zeit eine typische Krückenbeziehung war, nämlich ein Verhältnis, das man nach einer großen, gescheiterten Liebe eingeht, um darüber hinwegzukommen, das aber seinerseits selbst zwangsläufig zum Scheitern verurteilt ist. Und das, obwohl Wolle nach sorgfältigsten Kriterien ausgewählt wurde: primär das Gegenteil des Mannes, der mir zuvor das Herz in Stücke riss. Zugegeben, das sind nicht gerade faire Voraussetzungen für den guten Wolle gewesen. Wer möchte schon gerne anhand einer Prüfung der Negativliste bestimmter Eigenschaften zum Herzbuben erkoren werden? Doch Wolle erwies sich im Kampf um meine Gunst unabhängig davon nicht gerade als der erste goldene Ritter. Zuerst fiel er negativ auf, als er den Stromzähler zu Beginn und am Ende meines Besuches bei ihm ablas, um zu ermitteln, wie viel teuerer es wohl käme, nicht mehr single zu sein. Er erwies sich auch nicht wirklich als Frauenversteher und Womanizer, als er erst „Meuterei auf der Bounty" fertigsehen wollte, bevor er sich mir mit ungeteilter Aufmerksamkeit hätte widmen können. Da lag ich also neben ihm auf dem Sofa und hätte mir gewünscht, der Strom inklusive Fernseher wäre damals schon ausgefallen. Als es wenig darauf schon unübersehbar kriselte, fragte er mich allen Ernstes, ob sich die Investition in Weihnachtsgeschenke denn noch rentieren würde. Nein, unterm Strich rechnete sich der Kauf von Präsenten wohl nicht mehr, denn im Januar zog ich die Notbremse. Am darauf folgenden Valentinstag kam anonym ein Blumenstrauß von Fleurop. Natürlich rief ich Wolle – trotz chronischen Geizes Hauptverdächtiger in Sachen unerlaubter Straußzustellung – an: „Ich wollte mich nur für die Blumen bedanken!" – sekundenlange Funkstille – tick, tack, tick tack – „Die sind nicht von mir." – Oh Hölle!!! Kann es noch peinlicher kommen?

Fazitär gehört ja nun Wolle der Vergangenheit an. Wenn er mir so beim Nachrichten hören wieder einfällt, stelle ich mir vor, wie er sich insgeheim über den Stromausfall gefreut haben muss, denn in dieser Zeit musste er schon nicht den selbigen Zähler überwachen. Da hat die Sparsau freudig gegrunzt. Jetzt bin ich ja glücklich und aus schierer Liebe (ohne jemals eine Checkliste dazu befragt zu haben – und vermutlich gerade deshalb!)

WIE VIEL ZEIT FRISST SO EIN BABY?
WIE WARM MUSS MAN DA EINHEIZEN?
WIE VIEL ISST SO EINE MUTTER WOHL AM TAG?
WIE VIEL STROM BRAUCHEN DIE VERWEHEN
"BEZW"
Bissness-Hemd
Lidl
Bitte nicht DEN!!
Kik
Aldi
Bissness" Hose
WOLLE
"Bissness"-SPARSAU
OINK OINK
i.W.
STROM

verheiratet. Mein Mann Emil ist als Naturwissenschaftler viel zu eingespannt, den Stromzähler zu überwachen. Er würde vermutlich nicht mal merken, wenn ich zu Hause eine Achterbahn inklusive Lightshow betreiben würde. Auch für „Meuterei auf der Bounty" hat er keine Zeit, so dass ich ohnehin alleine auf dem Sofa liege. Im Zweifelsfall befasst er sich zu diesem Zeitpunkt bestimmt gerade mit dem Paarungsverhalten der Fruchtfliege. Zu Weihnachten bekomme ich immer liebevolle Geschenke, allerdings solche, die er am Computer auf der Arbeit bei Amazon bestellen kann – Gott sei Dank lese ich gerne! Selbstverständlich darf ich nicht vergessen, das Geschenkpapier gut sichtbar und griffbereit zu platzieren, damit mein Mann am Heiligen Abend um 17.53 Uhr mitteleuropäische Zeit es auch findet, wenn ihm einfällt, dass in sieben Minuten Bescherung, mein Geschenk aber noch immer unverhüllt ist. Mein Liebster schickt mir niemals Blumen ohne Absender zum Valentinstag. Er vergisst diesen Tag einfach, weil er gerade ohnehin nicht in Deutschland, sondern auf einem Kongress der anonymen Weltenbummler in der hinteren Mongolei ist, wo es so etwas wie Valentinstag überhaupt nicht gibt. Somit komme ich nicht in die Verlegenheit, mich versehentlich für etwas Verkehrtes zu bedanken. Ich muss ehrlich zugeben: hätte ich Wolle genommen, hätte ich meinen Gatten viel öfter zu Gesicht bekommen.

Doch ich bin bei der Partnerwahl ebenso wie beim Essen ein Gourmet: bevor ich wahllos Unmengen in mich hineinstopfe, genieße ich lieber etwas Leckeres in kleinen Portionen! In diesem Sinne ist mein Mann eben ein extrem kleines, aber äußerst leckeres Häppchen. Sushi sozusagen!

Was den Stromausfall im Münsterland betrifft, so bin ich letztlich zu dem Schluss gekommen, dass sich noch mehr als Sparstrumpf-Wolle die deutsche Rentenver(un)sicherung gefreut haben muss. Schließlich wurden neun Monate nach einem abendlichen Stromausfall in New York auffallend viele Geburten verzeichnet. Vermutlich hat sich Angie mit ihrer Gang bei Nacht und Schneebel zu den Hochspannungsmasten geschlichen. In Erwartung vieler neuer Beitragszahler haben sie sich mit fiesem Grinsen in der Visage an der weißen Pracht und deren bedeutungsschwangeren Auswirkungen berauscht. Na denn ... Kauf dir schon mal einen größeren Sparstrumpf, Papa Wolle!

Hitch-Hike Baby

Eigentlich waren wir nur für eine Pipipause auf den entlegenen Rastplatz raus gefahren. Als uns das verwegene Gammelpärchen in der Rostlaube nach dem Weg gefragt hatte, stieg mein Mann Emil seelenruhig aus und erläuterte in epischer Breite und ohne Einhaltung einer gewissen Individualdistanz die Route. Ich dagegen konnte nur mit äußerster Beherrschung meinen Fluchtreflex niederkämpfen. Die zwei sahen aus wie „Natural Born Killers" auf Extasy. Bonnie und Clyde hätten neben denen ausgesehen wie der Osterhase und die Zahnfee im Cluburlaub. Wie durch ein Wunder blieben wir aber von der allgegenwärtig lauernden Kriminalität letztlich verschont, und so war ich mal wieder die paranoide Paniktussi, klaro!
Emil ist grauenhaft hilfsbereit, ein Menschenfreund, eine weltfremde Schafsnase ... Meistens liebe ich ihn für diese Eigenschaft – besonders wenn sie mir zugute kommt. Und manchmal könnte ich ihn dafür erwürgen. Er würde selbst Michael Myers per Anhalter mitnehmen und ihm den Kosmetikspiegel runterklappen, damit er seine Maske wieder glattstreichen kann.
Ja ja, ich war selbst auch mal so blauäugig. Längst verdrängt habe ich die Erinnerung an jenen trüben Herbstabend, an dem ich nach der Arbeit in meinen Fiesta stieg und ein jung'scher Typ mich fragte, ob ich ihn zur U-Bahn-Station fahren könnte. Keine

Ahnung, welcher tollwütige Affe mich gebissen hat! Ich sagte: „Steig ein!" Kaum saß er im Auto, grinste mich ein Mund mit mehr Zahnlücken als Zähnen an und gierte – damals durfte ich noch (un-)heimlich rauchen! – nach meiner Zigarettenpackung: „Krieg ich auch eine?" „Nö, Du bist noch nicht mal sechzehn!", blaffte ich ihn an. Nach einer kurzen Pause (das kleine Männchen in meinem Ohr brüllte „Blöd, blöd, blöhöööd!") kamen wir ins Gespräch, das heißt, er kam ins Gespräch. Nachdem er mich mit der Spontanbeichte überrascht hatte, dass er vor zwei Wochen aus der Jugendhaft entlassen worden sei, involvierte er mich offenherzig in den genauen Ablauf seiner Straftaten, welche da waren: schwerer Raub und gefährliche Körperverletzung. Ich war gerührt von so viel Vertrauen! Vor lauter Vertrauen rutschten schon meine schweißnassen Hände vom Lenkrad ab! Dann machte er mich auch gleich noch zu seiner Mördergrube in Herzens- und vor allem Unterleibsangelegenheiten. Juhuuh, so genau wollte ich das alles dann doch gar nicht wissen. Nach zehn Minuten stieg mein neuer Freund ohne weitere Ausschreitungen aus und ich pfiff erleichtert: „Freude schöner Götterfunken, Tochter aus Elysium ..." Doch dann fiel mein Blick auf den Beifahrersitz und – gefror! Wo zum Teufel war mein Handy? Vorhin war es noch dort gelegen. Der Typ hatte es geklaut, sonnenklar! Ich trat aufs Gas, U-Turn, Reifenquietschen – schade dass ich kein Blaulicht dabei hatte, um es schnell auf dem

NIMM KEINEN ANHALTER MIT!
Dies schrieb Dir in Dein Poesie Buch Deine Mami
HEY SÜSSER ICH WAR SCHON JUGENDKNAST ABER ICH BIN LIEB
GLAUBE ES MIR!
HILFE HILFE ICH WILL HIER RAUS
I.W.

29

Dach festzumagnetisieren! – abbiegen in Richtung U-Bahn ... Da stand er noch, der Hitch-Hiker aus dem Resozialisierungsprojekt und freute sich, als er meine kleine Rennsemmel wieder erkannte. Ich kurbelte gerade das Fenster runter, als mir mein Handy auf der Fußmatte vor dem Beifahrersitz ins Auge fiel. Shit! Die Gebissruine wurde durch mein Fenster geschoben: „Warum bist Du denn zurückgekommen?" Und jetzt? Sämtliche Klischees und Vorurteile bedienen? Bekennen, dass ich ihn schon in eine Schublade gesteckt hatte und ... „Ich hab´s mir überlegt", ich hielt ihm die Schachtel Gauloises hin, „kriegst doch eine Zigarette!"
Wie soll ich jetzt damit umgehen, wenn mein lieber Mann als der barmherzige Samariter durch die Lande streift und jeden Hottentott am Straßenrand aufsammelt? Wie soll ich mich verhalten, wenn heute eine Gruppe bayerischer Handwerker auf der Walz durch unsere Stadt zieht, und Emil ihnen – allein aufgrund des Umstandes, dass sie aus seiner Heimat stammen und einige seiner besten Freunde Handwerker sind – unser Wohnzimmersofa als Übernachtungsmöglichkeit anbietet? Vielleicht sollte ich mich relaxed zurücklehnen und mich auf den gesunden Menschenverstand meines geliebten Göttergatten verlassen. Schließlich hat er mich geheiratet!

Urlaub vom Urlaub

Ich kenne Hotelzimmer überall auf der Welt. Ich lungere alleine auf den Gängen herum – auf der Suche nach Anschluss. Endlose Stunden habe ich schon in durchgepflügten Luxusbetten mit Warten auf geheime Klopfzeichen verbracht bis die schwarzen Umrisse einer Männergestalt sich in das abgedunkelte Zimmer schoben. Nein, ich bin kein internationales Callgirl! Lediglich die Ehefrau eines viel beschäftigten Wissenschaftlers. Für die Teilnahme an diversen Meetings, Workshops, Small-Talk-Events fliegt er mal eben von einem Äquator zum anderen. Meine Freundinnen kommen um vor Neid: „Da kannst Du überall mit?" Jaaa (heftiges Kopfnicken), und es macht wahnsinnig Laune, wenn einem zum Jahresbeginn anlässlich einer Tagung vom Reisebüro „Passt-so-schön" wärmstens Neapel als Jahresurlaub für die ganze Familie ans Herz gelegt wird.

Eine Stunde vor Abflug war unsere Tochter Anna schnell noch erfolgreich von Opa's Büroschrank gestürzt. Sieben Stunden und zwei Notfallambulanzen später saßen wir mit unserem frisch königsblau eingegipsten Kind im Flieger, und nachts um elf Uhr dreizehn bestiegen wir ‚das Höllentaxi von Neapel'. „Mama, ich kann nicht mehr schnaufen!", ächzte Anna, die ich in Ermangelung eines Kindersitzes ‚richtig schön fest' umklammert hielt. Während der Fahrer gebannt in einen Mini-

Fernseher glotzte und an den Programmknöpfen spielte, machte er eine einspurige Autobahnauffahrt zur zweispurigen, raste auf den Schienen frontal der Straßenbahn entgegen und wechselte 30 mal pro Minute die Fahrspur. Offensichtlich hatte er seine Bremse demontiert, dafür aber die Hupe kurzgeschlossen, damit er sie nicht pausenlos selbst drücken musste. Diese 20 Minuten hatten wahrhaft missionarische Wirkung! Als wir endlich aussteigen durften, hatte ich eine stoßgebetsmäßige Standleitung eingerichtet – ich muss an dieser Stelle anmerken, dass ich zwar Jesus ganz cool finde, mit seinem Papa aber im Allgemeinen ein paar Differenzen habe.

Schwamm drüber, am nächsten Tag durften wir ja Neapel unsicher machen. Mein Mann Emil stand nicht für uns zur Verfügung, aber das trübte nicht die Urlaubslaune. Es gibt nämlich kaum was Idyllischeres als alleine mit einem 34.-Schwangerschaftswoche-Weltkugelbauch und einer Dreijährigen im Genick auf der Suche nach „Pharmacia" durch eine lärmige Großstadt zu traben, da „Bambina" nur noch „Aua, mein Hals!" schreit. By the way: Angina heißt auch auf Italienisch so! Nur falls man's mal braucht ...

Aber ich will nicht nur maulen: Von insgesamt vier Tagen war Emil nur zweieinhalb nicht zugegen. In der verbleibenden Zeit unternahmen wir trotz eisiger Kälte – „Pack nicht so viel ein, da ist jetzt Hochsommer!"– richtig tolle Sachen. Okay,

CHRRRRR CHIRRIZRR
BLABLA BLUBBB
WANN GIBT'S HÄPPCHEN?
EMIL
ganz wo anders...
MODA GLOTZ!
AUA MEIN HALS? AUA MEIN ARM!
PHARMACIA
hier werden sie ge- hol- fen!
KLARA INSIDE
STREETS OF NEAPEL
REGEN- SCHIRM WEIL HOCHSOMMER!
I.W.

abgesehen von der Überfahrt mit dem Tragflügelboot nach Ischia, während der ich herausfand, wie Speitüten von innen aussehen ...
Wenn ich mir heute die Fotos anschaue, denke ich, es hat sich gelohnt. Oder? Gestern hat das Reisebüro „Passt-doch-wieder-mal-so-schön" die Saison eröffnet. Emil warb dafür, mit ihm und den (mittlerweile zwei!) Kindern im April nach Madrid zu fliegen, weil da mal wieder eine Zusammenkunft der Wissenschaftstouristen – so eine Art überregionaler Betriebsausflug für Reagenzglaspanscher – anstehe. Binnen einer halben Millisekunde waren die Fotoalbumimpressionen wie weggeblasen. Flashbackartig fiel mir wieder ein, wie angefressen ich abends nach sieben im Hotelzimmer den unruhigen Schlaf meines fiebernden Glühstrumpfs hütete – aufgrund des Straßenlärms konnte man nicht mal ein Fenster öffnen! Ich zählte im Halbdunkel – zum Lesen zu finster und zum Schlafen zu hell – die Fransen am Lampenschirm der Nachtleuchte und stierte Löcher in die Wand, während mein Reiseleiter bis in die Puppen auf irgendeinem Gelage herumeierte. So eine Minibar kann einen da schon gerade noch vom Suizid abhalten – Stichwort: ‚Hausfrauenalkoholismus'.
Ehrlich gesagt: mit zwei Kindern ist mir das eindeutig zu viel. Da muss der Ärmste wohl alleine den Weltenbummler spielen und rauschende Orgien feiern – Letzteres täte er ja eh ohne mich! Ein paar

Worte des Bedauerns, dann Einsicht … "Na gut, vielleicht hast du Recht. Hier kannst du es dir mit den Kindern nett machen." Ich nicke wissend und freue mich auf *meinen* Urlaub. Der liegt in den Semesterferien, und das Ticket ist für *eine* Person. Damit mein Mann es sich zu Hause auch mal so richtig nett machen kann!

Freudiges Ereignis

Gibt es Lebenssituationen, die noch rigoroser mit euphemistischen Begriffen umschrieben sind als das „freudige Ereignis", sprich: die Geburt eines Kindes? Schwangere Frauen sind grundsätzlich „guter Hoffnung", selbst wenn sie 7 Liter Wasser im Gewebe eingelagert haben und unter schweren Depressionen leiden, weil sie morgens Miss Piggy aus dem Badezimmerspiegel angrinst und sie sich in ein Zelt hüllen müssen, um nicht nackt auf die Straße zu gehen. Auf ein Baby hat Frau sich einfach pauschal zu freuen! Im Grunde schließe ich mich dieser Auffassung sogar tatsächlich an. Allerdings muss ich offen zugeben, dass schwanger sein nicht automatisch mit allumfassender Glückseligkeit zu assoziieren ist. Auf der Liste meiner liebsten Hobbies rangiert dieser Zustand zugegebenermaßen relativ weit unten.
Die Bilder von werdenden Mamis auf Bucheinbänden der entsprechenden Literatur haben einen geringen Identifikationsfaktor. Während diese Frauen (umflutet von mildem Gegenlicht) verträumt in die Ferne blicken und hingerissen ihr winziges, sich nur allmählich rundendes Bäuchlein streicheln, passte ich schon zwei Stunden nach meinem positiven Schwangerschaftstest nicht mehr in meine regulären Jeans. Morgens musste ich meinen Zähne putzenden Mann Emil hektisch vom Waschbecken wegstoßen, um meine zwei Schluck Morgenkaffee

hineinkotzen zu können. Kaum war das Problem Morgenübelkeit überstanden, hatte ich ungefähr alle 20 Minuten das Gefühl, meine Blase würde gleich platzen. Dank des Verlustes nahezu sämtlicher Hemmungen pinkelte ich aber mit der Zeit ohne Rücksicht auf Örtlichkeit und Anwesenheit anderer Leute. Im besten Fall rief ich noch den vorbeikommenden Passanten zu: „Tut mir Leid, aber ich bin schwanger!" Emil gewöhnte sich daran ebenso wie an den Anblick von Donauwellenkuchen und Rollmöpsen zusammen auf einem Teller, von dem ich abwechselnd beides mit perverser Wonne in mich hineinstopfte, um mich gleich darauf vor mir selbst zu grausen. Schließlich heißt es wohl nicht umsonst auch „andere Umstände" – in denen dann eben auch andere Maßstäbe gelten!

Morgen bekomme ich Besuch von meiner Freundin. Sie ist in der 36. Woche schwanger und hat jetzt schon ganz schön Bammel vor der Entbindung. Ich soll ihr ein bisschen Mut machen und berichten, wie es bei mir so war. Sowas bringt wohl jede Frau in eine fiese Bredouille.

Denn wie es scheint habe ich das Meiste ganz schnell verdrängt. Emil dagegen kann sich noch genau erinnern, dass ich mich mit dem mir eigenen Starrsinn gegen den dringend notwendigen Kaiserschnitt gewehrt habe und noch immer etwas von „natürlicher Geburt und Räucherstäbchen" gefaselt habe, als schon das versammelte Kreiß-

schwule mehr Sex?
LABER RHABABER" xyz"
R
DOPE FÜR WERDENDE MÜTTER"
PIZZA TOMO
SCHEISSE WAS SOLL ICH NUR SAGEN
ATMEN SCHATZ
SCHEISS WOHEN SKLAVE
BER R"
I.W.

saalpersonal auf mich eingeredet hat wie auf eine kranke Kuh. Der Narkosearzt wollte mir – vermutlich damit ich endlich den Mund halte – eine Vollnarkose verpassen. Peinlicherweise musste ich aber zugeben, dass ich mittags – aus Angst vor einer langen Wehenphase ohne Nahrungsaufnahme – nicht nur die normale Krankenhausration, sondern auch noch eine Thunfischpizza XXL vom Pizzaservice – die liefern übrigens auch in die Entbindungsklinik! – verdrückt hatte. Auf dem Weg in den OP habe ich angeblich den Gynäkologen angewiesen, mir ‚da unten' gleich alles zu entfernen, weil ich sowieso nie wieder Sex haben wolle. ‚Dead woman walking' im hinten offenen Flatterhemdchen! Während der OP habe ich versehentlich dem Pfleger links anstatt meinem Mann rechts von mir die Hand gestreichelt. Kein Wunder, ich habe den Vater meines Kindes ja kaum wiedererkannt! Hier wurde eindeutig gegen das Vermummungsverbot verstoßen!

Was sage ich bloß morgen meiner Freundin? Am besten, ich gebe ihr einfach die Nummer vom Pizzaservice und die alte Volksweisheit meiner Oma – Gott hab sie selig! – mit: „So schön wie's reingeht, geht's nicht raus!"

L´etat, c´est moi!

Es begab sich an einem Sonntagmorgen. Ich öffnete die Tür des Küchenschranks, um Müsli in unser dafür vorgesehenes Behältnis nachzufüllen, und das in der unerschütterlichen Überzeugung, diese Dose fast leer vorzufinden. Ich wollte nämlich in meiner perfektionistischen Art nicht zwei verschiedene Müslisorten miteinander mischen – somit quasi ‚verunreinigen' – und daher den Rest vor dem Nachfüllen aufbrauchen. Ich richtete also zuerst meinen Griff, dann meinen Blick auf besagte Müslidose und ... erstarrte zur Salzsäule.

„Wer hat denn das neue Müsli eingefüllt?" (Entrüstet, panisch, schrill!) Mein Mann Emil sprang von der Eckbank auf, die Hand zur Schläfe, und schlug stramm die Hacken aneinander: „Frau General Feldmarschall! Obergefreiter Wichtig hat sich erlaubt, eigenmächtig Müsli nachzufüllen. Obergefreiter Wichtig möchte jedoch zu seiner Verteidigung anführen, dass er versucht hat, im Sinne der Kompanie zu handeln."

Hatten wir uns auch beide darüber zunächst halb totgelacht, so brachte mich seine Reakton mit etwas zeitlichem Abstand dennoch zum Grübeln. „Frau General Feldmarschall ..." Oh je! Das hat einen hausdrachigen Beiklang. Fühlte sich Emil etwa unterdrückt, gegängelt, unter´m vielzitierten Pantoffel? In meinem Fall eher unter´m Birkenstocklatschen, aber nichtsdestotrotz ... Bin ich eine grauenhafte Matrone? Nach langem Hin und Her, nach endlosem Ventilieren der Indizien, und – was entscheidend ist – nach persönlicher Rücksprache mit dem Obergefreiten Wichtig: nein, bin ich nicht! Ich bin nur die Familienmanagerin, und das auch nicht immer gerne. Unser Zuhause ist mein Zuständigkeitsbereich, ich schaukele die Kinder und den Alltag gleich mit. Keiner weiß genauer als ich, was in unserem Reich passiert und besonders, was nicht passiert, aber dringend passieren sollte!

Emil wird bis nach Hause in seine Pseudo-Freizeit von all den Anfragen, Anträgen, Ansinnen verfolgt, welche er nicht mehr vor Feierabend – FeierNACHT? – bis zur Vollendung abarbeiten konnte. Doch wie würde er reagieren, würde ich mich eines Nachts klammheimlich wie ein Einbrecher in sein Office schleichen und seine E-Mails – z. B. die Einladung zu einem zweiwöchigen Projekt nach Equador – bearbeiten und beantworten (nämlich definitiv mit NEIN!)? Der Dampfblitz würde ihn treffen! Jawohl! Was also ist falsch daran, dass ich daheim die Kontrolle habe? Und: Wer ist HIER eigentlich der Chef?

Wir sind jetzt schon länger als ein Jahr verheiratet. Vor unserer Hochzeit entfleuchte mir einst die Äußerung: „Ich werde an Deiner Seite viel Zeit haben, denn alles, was Du sowieso besser kannst als ich, kannst Du ja selber machen."

Trotz dieser deutlichen Ansage waren da in der

MIR DOCH WURSCHT...
DIE EFFEKTIV STE TECHNIK IST BLUBB MAL
PD HOCH 2 VONX
SPÜL MA SCHI NE
AXE FÜR WICHTIG- TUER
L'ETAT C'EST MOI
SUPER SCHLAU BERGER
KA SSE
I.W.

Vergangenheit Versuche von Seiten meines Göttergatten, regulativ in die hiesigen Abläufe einzugreifen. Ja, wenn ich es recht bedenke, so unternahm er erst kürzlich den – kläglich gescheiterten – Versuch, mir die aus seiner Sicht effektivste Spülmaschinen-Einräum-Technik anhand einer mathematischen Parabel zu erläutern. „So kann dies und das und jenes ja auch niemals sauber werden", hob er an und deutete wild umher, während ich still bei mir überlegte, auf welches noch nicht erforschte Phänomen es wohl zurückzuführen sei, dass immer dann alles problemlos blinkiblitzirein wird, wenn er gerade nicht die Spülmaschinenbestückung stichprobenartig inspiziert. Öffnete während des Sermons den Kühlschrank, um diesen durchzusehen und neu zu ordnen, putzte den Herd, die Oberseite sämtlicher Küchenschränke, putzte die Fenster, renovierte das Treppenhaus und flieste das Bad neu. Am Schluss füllte mein Pantoffeltierchen noch Klarspüler nach und fragte, wie lange da schon keiner mehr drin sei und ob ich denn verdammt noch mal überhaupt wisse, woran ich erkenne, dass der Klarspüler alle sei. Ich blickte von dem trocknenden Fugenkitt auf und rief ihm zu: „Ja. Ich erkenne es daran, dass Du vor der Spülmaschine stehst und Dich benimmst, als würde gerade ein Nierenstein abgehen." Seitdem ist auch dieses Thema kein Thema mehr.

L´etat, c´est moi: Die Haushaltskasse ist mein!

Deutschlandreise

Wir modernen Frauen sind ja so ‚tough'. Wir können Ikearegale eigenständig zusammenbauen und Winterreifen wechseln... Wir sind cool! Meistens jedenfalls... Nur eine Person auf dieser Erde kann unsere komplette Selbstbeherrschung binnen Millisekunden untergraben. Nur eine schafft es, uns mit zwei Halbsätzen dermaßen zum Rotieren zu bringen, dass wir uns fühlen wie Challenger beim Countdown zum Start: unsere eigene Mutter!

Mich trennt von meiner die halbe Bundesrepublik. Wenn ich länger als einen Monat nicht dort war, quält mich die Sehnsucht. Wer weiß schon, ob dieses Sehnen tatsächlich dem Schoß der Familie gilt oder eher dem geilen Gefühl, nach ein paar Tagen doch wieder heimfahren zu dürfen ... Irgendwann klingelte das Telefon und – Hurra! – meine Eltern kündigten ihren Besuch fürs kommende Wochenende an. „Wollt Ihr auf unserem Sofa schlafen?" „Nein, Kind" (Challenger zündet zum ersten Mal bei dieser Anrede!), „mach Dir keine Arbeit, wir fahren mit dem Wochenend-Ticket früh hin und abends wieder heim."... Wahhhh, immer dieser Tick, keine Arbeit und keine Kosten verursachen zu wollen! Doch trotz der meinen Eltern eigenen Umständlichkeit ist meine Vorfreude (noch) nicht tot zu kriegen. „Ja, ich freu mich schon! Bis dann!"

Samstag darauf, 10.53 Uhr (ich bin schon auf dem Weg zum Bahnhof!) erhält unser Anrufbeantworter folgende Message: „Wir kommen doch nicht um elf an, da wir einen Anschlusszug verpasst haben und jetzt drei Stunden in Erfurt auf den nächsten warten!" Hä? Erfurt? Wo gurken die denn rum? Ich dachte, die wollten nach Göttingen? Mir fallen meine verheerenden Reiserouten bei „Deutschlandreise" ein, von München nach Hoyerswerda, dann Pilsen, Rosenheim, Stockholm ... Ich hatte auch immer die Städtekarten, wo man ewig nicht mehr weiterspielen durfte. War Erfurt auch eine Stadt, in der man aussetzen musste? Immerhin sparten meine Eltern ja dabei, zwar weiß Gott keine Zeit, aber bares Geld. Keine ICE-Nutzung, was macht das schon, wenn man dafür mit dem ‚Wo-Sie-nochnie-hinwollten-Ticket' verreisen darf?
Stunden, etliche Milchkaffee und vierhundert „Wann-kommt-Oma"-Nörgelanfälle später – etwas anderes konnten wir uns ja nicht vornehmen, da meine Mutter leider nicht die voraussichtliche Ankunftszeit auf dem AB hinterlassen hatte ... so viel zum Thema „Mach Dir keine Umstände, Kind"! – stehen sie endlich vor der Tür. Drücker, Bussi, ups ... „Was habt Ihr denn da alles dabei?" Mein Blick fällt auf einen Reisetrolley der Größe 60 mal 90 cm und eine ausladende Kühltasche!!! „Och, nur ein paar Kleinigkeiten für Euch und die Kinder!" Alarmglocken schrillen! Diese Drohung kenne ich nur zu gut: Von wegen gemütlich plaudern. „Schnell,

SCHAU MAL KIND
ICH KANN
MIT KLÖSSEN
JONGLIEREN
WURST
BOSCH MAXI
Fress'
schnell weg...
I.W.

das muss ins Tiefkühlfach!" Mir werden Tupperdosen mit diversen Braten und Klößen in die Hand gedrückt, gefolgt von sieben Paar geräucherten Pfefferbeißern, fünf Gelbwürsten, und zwölf eingeschweißten original fränkischen Bratwürsten. Ja, meint die, hier gibt es keine Metzger??? Challenger glüht heftig vor: „Wrrrrummm!" ... Nein, ich will mich nicht in den paar Stunden streiten, in denen sie da sind. Durchatmen ..."Ommm!" – ich bin gaaanz ruhig, ich bin gelassen, ich bin ... ‚Jack The Ripper'!!! „Und das hier ist für meine Süße", unsere Vierjährige bekommt ein Riesenpaket. Ich unterdrücke einen Brechreiz beim Anblick von langhaxigen Barbie-Schixen (die konnte ich schon als Kind nicht ausstehen) und dem bedauernswerten schniedellosen Ken (ich hab selbst nachgesehen – vielleicht ist Barbie auch deshalb so zickig). Danach fördert unsere Große noch Shirts, Röckchen, Unterwäsche hervor. Als das erste Teil für unser Baby Klara auftaucht, bekommt Anna – ‚Trotzi die Erste' – einen Mega-Tobsuchtsanfall mit ‚Willichauchkreisch', Zeter, ab ins Zimmer ...
„Meinst Du nicht, Du bist etwas zu streng mit ihr?" Muttern legt die Stirn kritisch in Falten. Challenger startet mit einem fulminanten Feuerschweif und ohrenbetäubendem Getöse in den Abendhimmel. „Muss noch schnell was holen", ich verkrümele mich, bevor es mich zerreißt. Nachdem ich aber ein paar Sprudel- und Bierflaschen

geschnappt und vor Zorn ein paar Bäume entwurzelt habe, gelingt es mir, mit einem Lächeln wieder auf der Bildfläche zu erscheinen. „Wer mag was trinken?" Meine Mutter sitzt am Tisch mit einer Flasche Franken Brunnen und lächelt versonnen: „Nein, Kind, mach Dir keine Umstände, wir haben unser Mineralwasser selber dabei. Wir trinken Euch doch nicht Euer Zeug weg." Mein Vater steht auf. „Ach warte", ruft Muttern, „unser Klopapier hab ich in meiner Handtasche ..."
Als meine Eltern wieder im Zug saßen, war ich doch froh, dass sie nicht öfter kommen. Unser Kühlschrank könnte das einfach nicht verkraften! Um halb zwei nachts klingelte das Handy: „Kind, wir sind wieder heil zu Hause angekommen, und diesmal haben wir unsere Anschlusszüge alle erwischt." Na, dann passt's ja!

Die Bussi-Tussi

Kinder brauchen Rituale! Wer kennt sie nicht, diese Erkenntnis? Verkündet und unters Elternvolk gebracht von Erziehungsratgebern und Familienillustrierten. Wie Recht sie haben. Rituale sind wichtig, sie vermitteln Geborgen- und Sicherheit. Immer wiederkehrende, gleichförmige Abläufe. Leuchtet mir auch alles ein, aber: Was tun, wenn sich diese Mechanismen in ihrer Wirkung verkehren, wenn sie wilde Blüten treiben, wenn nicht mehr das Kind Unsicherheit durch das Ritual vertreibt, sondern mich in die Verunsicherung hineintreibt? Wo liegt die Grenze zwischen Ritual und Zwangsneurose?

Morgens, 8.55 Uhr, Endspurt ist angesagt. Wer um neun nicht im Kindergarten ist, hat Pech gehabt – besser gesagt die Eltern! Mein Mann Emil steht bereits seit 12 Minuten mit scharrenden Hufen und schnaubend wie ein wilder Bulle angesichts eines roten Fummels im Treppenflur. Anna, unsere vierjährige Tochter, muss sich nur noch schnell im Spiegel anschauen, sich ausgiebig eincremen, sich danach noch mal im Spiegel betrachten, sich die Mütze aufsetzen, sich danach noch mal im Spiegel sehen – nein, sie ist nicht eitel! Jacke zu, Rucksack auf! „Mama, Du musst aber noch Drücker, Bussi, Handkuss und so", und sie vollführt einen Luftkuss, den sie mir mit ihrer Rechten zuwirft. „Ja, klar, mach ich", sage ich betont besonnen. „Du hast es mir schon tausend mal gezeigt, ich hab doch keinen Gedächtnisschwund!" Emil ist schon mal runter, als Anna sich in Richtung Stufen in Gang setzt. „Machs gut, mein Schatz!" „Nein, Mama, Du musst sagen: Tschüssi, Pfüati, Adios, ich hab Dich lieb!" So ein Lapsus, wie konnte ich die Abschiedsworte frei formulieren! Ich weiß doch genau, dass sie flexibel ist wie ein Amboss! „Tschüssi, Pfüati, Adios, ich hab Dich auch lieb!", wiederhole ich artig die Formel. „Und Du musst noch aus dem Fenster gucken und winken!", befiehlt Königin Anna. Na gut. Es ist zwar saukalt da draußen, aber ich bin hartgesotten und hänge meinen sowieso rüsselpestverseuchten Riechkolben in die frische Morgenluft. Ein kleiner Eiszapfen hängt an meinem linken Nasenloch, als Anna endlich unten auf der Straße erscheint. Winkewinke, zurückwinkewinke, ich bete, dass ich es zufriedenstellend mache. Emil erinnert: „Sag es endlich!" „Tschüssi, Pfüati, Adios, ich hab Dich lieb!", noch mal winken. Anna versucht, an Papas Hand dessen Schweinsgalopp zu folgen, und ich darf endlich wieder meinen tiefgefrorenen Kopf in die Wohnung zurückziehen.

Woher hat sie das bloß? Ich hatte seinerzeit um jede Kneipe einen Riesenbogen gemacht, in der sich die Jura- und BWL-Schickeria mit ‚Bussi-Bussi-Heititei' scheinheilig mit wechselseitigem ‚Ins-Antlitz-Schleimen' die Zeit vertrieb. Nicht ums Verrecken wollte ich so werden – und das gelang mir – dank Studiumboykott (wer braucht schon eine gute Ausbildung?) und systematischer Affinität zu Verlierern und Geächteten – cleverer Schachzug, um eigenen Erfolg erfolgreich zu verhindern! Wofür all das, wenn nun mein eigen Fleisch und Blut zur Bussi-Tussi mutiert?

Einmal schmorte mir die Sicherung durch, und das kam so: Unser Baby Klara befand sich schon im Tiefschlaf, während Anna noch Pippi Langstrumpf auf DVD schaute. Natürlich wurde das volle Ritual durchgezogen, unter ständigen Beschwörungen wie: „Aber Du musst schön leise sein!" oder „Das Schlaflied flüstern wir aber nur!" war ich der Kleine Onkel, auf welchselbigem Pippi-Anna mit rotbezopfter Perücke und Plüschmeerkatze ins Kinderzimmer reiten durfte. Pause an der Küche, Mineralwasser trinken, Nachtlicht an, ins Hochbett klettern, Zauberkopftuch gegen Ohrenschmerzen aufsetzen (wichtig!!!), Bussi, Bussi, Drücker, Drücker, Mund zusperren („tschk-tschk" und Handbewegung, als würde man einen Schlüssel vor den Lippen umdrehen), Liedchen wispern. Klara noch immer im Tiefschlaf – guuuuuut! Richtung Tür schleichen. „Mama, Du kommst aber noch soooooo oft!" (zwei Hände mit zehn davongespreizten Fingern erheben sich über die Bettdecke). „Ja, klar!", zische ich zurück. Nur keinen Fehler im spanischen Hofzeremoniell, sonst muss ich noch mal ganz von vorne anfangen. Volle Konzentration: „Gute Nacht, Tschüss, Pfüati, schlaf gut, träum was Schönes, ich lieb Dich." Hurra, ich habe den richtigen Geheimspruch aufgesagt, kein Protest, Baby macht friedlich Heia. Noch! Schwebe aus der Tür, fühle mich auf der Zielgeraden zum Feierabend, seufze erleichtert. „MAAAAA-MAAAAA!", ein schriller Schrei zerreisst den Frieden. Dann: „Buähhhhh!" Klara gröhlt volle Sahne, grrrrrr! Anna kreischt: „Mein Ersatzzauberkopftuch ist weg!" Im Falle des Verlusts des Originals muss man ja ein zweites in petto haben (megawichtig!!!). Im Folgenden hatte ich einen Filmriss. Am Ende heulten wir alle drei, ich vor Zorn, Klara, weil sie nicht mehr schlafen konnte, und Anna schniefte: "Mama, das war ja ein richtiger Wutanfall. Ich hab gedacht, Du holst die Säge und sägst die Beine von meinem Bett ab." Naheliegend??

Auf einem Seminar für Kinderpsychologie hörte ich gestern, Zwangsneurotiker seien hochintelligente Menschen. Auf einmal erscheinen die Neuröschen in einem ganz anderen Licht: großmütig sehe ich darüber hinweg und ermuntere mein Kind, auf jedem Foto die Zunge rauszustrecken, auch wenn es heute noch nicht mal weiß, wie man „Kwantenfüssig" schreibt.

Alles ist schließlich relativ ... zumindest in der Theorie!

AHHAH
HILFE!
Ah ich flippe aus
WO IST ER?!
ÄH
ÄH
WAH
WAH
WAH
WÄH
HH
HH
HH
GRRR
RROAAA
I.W.

Nichts schmeckt so gut
wie schlank sich anfühlt

In einem schlauen Buch übers Mamawerden habe ich einmal den Satz gelesen „Du wirst neun Monate zunehmen und neun Monate abnehmen bis Du Deine Figur wieder hast." Ich hasse das Buch! Ich habe es zu den Flohmarktsachen gelegt! Ich würde die Waage am liebsten auch mit am Flohmarkt verscherbeln, denn zu Klärchens dreiviertelstem Geburtstag wog ich immer noch zwei hassenswerte Kilos zu viel. Klar, zwei Kilos sind nicht die Welt! Aber stell dir mal vier Pfund Schweinebauch auf einem Tisch vor – davon könnte meine vierköpfige Familie mindestens drei Tage lang satt werden! Immer wenn ich unverhüllt von der Dusche ins Schlafzimmer husche, ärgere ich mich über das lebensgroße Bildnis einer barocken Schönheit, das in unserem Flur hängt – und eigentlich ein Spiegel ist. Es muss was passieren!

Sonntag: Das Hüftgold muss runter, koste es, was es wolle. Ab morgen wird alles anders. Aber heute gönne ich mir noch eine 500g-Packung Macadamia-Nüsse, damit es sich auch wirklich lohnt!

Dienstag: Meine Küche und mein Kühlschrank sind mit erlesenen Diätprodukten nur für mich bestückt, von Lebensmittelexperten und Ernährungsberatern nach strengen Kriterien wie Geschmacksneutralität und Zähigkeit selektiert. Aber Hunger ist ja bekanntlich der beste Koch.

Trotzdem: man muss schon sehr hungrig sein, um einen kleinen Teller Kohlsuppe ohne Brechreflex runterzubekommen – und Mann muss Frau schon sehr lieben, um trotz Kohlsuppe Tisch und Bett zu teilen. Auf offenes Feuer sollte in dieser Zeit aufgrund der Gasentwicklung jedenfalls unbedingt verzichtet werden! An der Kühlschranktür hängt zur psychologischen Unterstützung ein Zettel: „Nichts schmeckt so gut wie schlank sich anfühlt." Wirklich?

Donnerstag: „Mama, wie viele Punkte sind in meinem Essen drin?", fragt Anna, vier Jahre, mit sorgenvoll zerfurchter Stirn. Für einen Augenblick sehe ich vor meinem geistigen Auge einen pubertierenden Teenager, der in ein paar Jahren bei Heidi Klums Schnixenreigen auf dem Laufsteg in tiefster Depression zusammenbricht. Grund: mit 45 Kilo zu dick, um durch einen geschlossenen Gullideckel zu krabbeln! Kschksch ... weg mit dieser Vision! Das ist doch Humbug, und noch lang kein Grund, die geheime Mission „Gazelle" vorzeitig abzubrechen. Bald kommt der Sommer, und da soll doch mein Mann mit einer grazilen Nymphe an seiner Seite durch den Sonnenschein wandeln – und zwar mit mir, und nicht mit irgendeiner! – wenn er schon selbst keinen Gedanken daran vergeudet, ob er vielleicht irgendwann beim Liebesakt weniger wie ein Waschbrett, sondern eher wie ein Wiegemesser beim Petersilieschneiden wirken könnte.

Eine gute Woche später: Ich höre nicht mehr Radio. Ich sehe nicht mehr fern. Auf einmal scheinen alle Sender umgekehrt proportional auf meinen Nahrungs- und Genussmittelkonsum zu reagieren. Mein Radiosender spielt ‚Hungry eyes‘ von Eric Carmen. Hmmm ..., das passt ja noch ... dann kommt ein Song von Meat Loaf. Ich will nicht an Hackbraten denken und schalte auf einen Schlagersender. Da bin ich bestimmt besser aufgehoben. Ich hoffe auf Trude Herr: ‚Ich will keine Schokolade‘, aber die bringen selbstredend gerade ausgesucht kaloriöse Beiträge, die einen schon beim Zuhören dick werden lassen: Udo Jürgens singt ‚Aber bitte mit Sahne‘, dann ‚Zucker im Kaffee‘ von Erik Silvester, Roland Kaiser mit ‚Sieben Fässer Wein‘, abgelöst von Hoffmann & Hoffmann: ‚Himbeereis zum Frühstück‘! Zum Teufel mit dem Gedudel! Nein! Abends im Fernsehen kommt ‚Chocolat‘ mit Juliette Binoche. Ich will Hannibal Lecter!!!! Um Mitternacht dann ‚Das große Fressen‘ mit Michel Piccoli und Marcello Mastroianni ... Ich geb mir gleich die Kugel. Und zwar nicht die in dem goldenen Staniolpapier, schluchz!

Nach zwei Wochen: Hurra! Ich habe es geschafft. Meine Kinder wollen zwar inzwischen lieber nicht mehr mit mir kommunizieren, so unleidlich und unbefriedigt bin ich. Dafür ist es mir aber in der Tat gelungen, meine Metamorphosepläne vor meinem Göttergatten geheim zu halten. Doch heute ist es so weit! Endlich. Mit tachykarder Pulsfrequenz stehle ich mich davon und suche in unserem ausrangierten Kleiderschrank im Dachboden meine alte Levis 501. Strike out! Was für ein Gefühl! Sie passt mir wieder, und der oberste Knopf droht auch keineswegs damit, in der nächsten Viertelstunde in hohem Bogen davonzuspringen. Ich brauche wohl nicht extra zu erwähnen, dass ich mich fühle wie neu geboren. Nein, das ist gar kein Ausdruck für meine Empfindungen! Ich bin ein männermordender Vamp! Kein Kerl unter 95 könnte meinem Apfelhintern widerstehen! Kommt nur alle her, doch ich gehöre nur einem. Und der wird heute Abend so rattenscharf auf mich sein!

20.30 Uhr: Die Kinder sind im Bett. Emil kommt heim. Ich wackel noch mal heimlich mit dem Popo vor dem Spiegel rum und wippe mit einem Fahrgestell wie eine Schiffschaukel in die Küche. Keine Reaktion! Ich lehne mich lasziv an die Spüle – sähhhr erotisch! – keine Reaktion. Ich streiche – etwas verführerisch und etwas verlegen – durch mein Haar; „Na, fällt Dir an mir denn gar nix auf?" Emil schaut von seinem Wurstbrot auf: „Warst du beim Friseur?"

Zahllose unschuldige Macadamias finden an diesem Abend sinnlos den Tod ... und ich zu meinem neuen Wohlfühlgewicht. Ich bin halt ein Genussmensch! Hurra!

SEX BOMB
SEX BOMB
SEX BOMB
BOMB
BSEX
SEX BOMB
BOMB
BO
EX
BOM
SEX
BOMB
Oh Gott, seh ich
GEIL
aus! Emil
wird AUSFLIPPEN
LEVIS 501
Love is in the air
Nichts sch
gut wie se
sich anfü
ICH HAB'S SCHATZ!!!
DU WARSE BEIM
FRISEUR?!
STIMMT NICHT? ABER
WAS IST ANDERS- N
NEIN?
IRGEND
UR WA
ICH
NICHT
SORRY
KOMM
DRAU
I.W.

Klara Wichtig: „Fertig Heia!"

Babybilder sprechen Bände: Unsere Jüngste, genannt Klärchen, macht auf jedem Foto Augen wie Untertassen. Nichts in ihrem Umfeld darf um Gottes Willen unbemerkt, ungesehen, ungehört, unbegriffelt und ungelutscht bleiben. Weiß sie, dass sie noch Jahrzehnte Zeit hat und es keinesfalls erforderlich ist, bis zum ersten Geburtstag schon alles, alles in diesem Universum erlebt und probiert zu haben? Diese Frage muss leider unbeantwortet bleiben. Übermannt sie einmal aus Versehen nachmittags die Müdigkeit, zermürbt sie sich – wie ich mutmaße – nach dem Erwachen aus dem zehnminütigen Nickerchen in Selbstvorwürfen: „Wie konnte mir das nur passieren? Wie konnte ich mich so gehen lassen und einschlafen?"
Klara konnte schon vor ihrer Geburt nicht mehr warten, endlich die Welt zu erobern und uns in einen nicht mehr enden wollenden Adrenalin-Kortisol-Rausch zu versetzen. Ist ja auch stinköde da drin in der dunkelroten Nacht der Mama-Murmel, nichts geboten, nur langweiliges Geschaukel und gedämpfte Geräusche von draußen! Raus hier! Klärchen überraschte uns mit ihrer vier Wochen verfrühten Ankunft. Viel kann ich ja aus der unmittelbaren Zeit danach nicht mehr berichten, habe ich doch größtenteils verdrängt, was für ein Punk in den vier ersten Lebensmonaten hier abging. Fetzen der Erinnerung schwimmen

irgendwo in meinen Gedächtnissümpfen umher: ich sehe mich verwaschen von sieben Uhr abends bis zwölf Uhr nachts mit einem gröhlenden Knubbel im Tragetuch rappermäßig den Flur auf- und abhoppern. Eminem wäre vor Neid erblasst, hätte er meine cool federnden Schritte sehen können. Eigentlich fehlte mir nur noch ein Ghetto-Blaster auf der Schulter, aber den hatte ich nicht nötig. Ich hatte doch mein Lärmgerät vor den Bauch geschnallt! Einmal rief ich meinen – natürlich noch in der Uni gluckenden – Ehemann und Mit-produzenten des Babyraps an, als ich vor lauter grundlosem Angebrülltwerden kurz vor der Gehirnblutung stand, und blägte ins Telefon: „Schau, dass Du heimkommst und Deinen Höllenbraten zum schweigen bringst!" Man möge mir die Nomenklatur verzeihen! Ich war mit den Nerven runter, hatte alles, wirklich alles versucht, hatte das an der Decke hängende Schaukel-bettchen mit der Hüfte in Schwung gehalten, während ich mit der rechten Hand den Schnuller in Klärchens weit aufgerissenen Plärrschlund hielt, mit dem Föhn in der Linken in das Körbchen hineinblies, zeitgleich ein wütendes „La Le Lu" herauskotzte und mit dem Fuß die Schlafzimmertür zuhielt, damit ihre große Schwester nicht auch noch hereingerumpelt kam. Nichts half. Manche Frauen meinen, aufgrund der Stillerei nicht empfänglich für eine neuerliche Schwangerschaft zu sein. Ich dagegen bin überzeugt, dass sich aufgrund dieses grauenhaften Dauerkrakeelens alle meine noch verbliebenen Eizellen in den Ovarien verkrochen und verbarrikadiert haben, um auch ja nicht in die Tuben geschleudert zu werden, damit sie nie und nimmer der Befruchtung anheimfielen und gleichfalls zu solch einem Tyrannosaurus vocifex heranwüchsen. Psychogen steril!

Jedem, der mir damals das Märchen weismachen wollte, das Martyrium sei nach drei bis vier Monaten von selbst zu Ende, hätte ich am liebsten den Kopf abgebissen. Doch als sich der Spuk quasi von einem Abend auf den anderen verflüchtigt hatte, war es für mich nicht mal ein Problem, zuzugeben, dass sie alle Recht hatten und ich falsch gewickelt war – was selten genug der Fall ist! Nicht das Besserwissen, aber das Nichtsausmachen!

Heute schläft Klärchen wenigstens nachts durch. Ihre große Schwester Anna sagte ihrerzeit immer nach dem Erwachen: „Anna fertig heia!" Das fand ich hinreißend, vor allem, weil Anna immer viele Stunden am Stück, auch tagsüber, in Morpheus Armen lag. Da freut man sich dann sogar richtig drauf, wenn das Kind endlich die Augen aufschlägt! So nicht Klärchen: Während herkömmliche Babies mit normalen Batterien schon längst am Ende sind und umkippen, kann unser Baby dank Duracell mit dem Kupferkopf immer noch trommeln, strampeln und herumkreischen wie Oscar in der Blechtrommel – ich schau schon immer sorgenvoll zu unserer

Glasvitrine ... Könnte sie schon reden, ich möchte wetten, dass „Fertig heia" der Dauerbrenner und Nummer eins in den Klara-Top-Ten wäre. Wie ein überdrehter Alarmwecker mit Kurzschluß würde sie pausenlos zornig rufen:
„Klara fertig heia, Klara fertig heia, fertig heia, F E R - T I G   H E I - AAA!!!!!"
Heute ist mal wieder so ein Tag. Nichts ist abenteuerlich genug für Klärchens Erlebenshunger. „Mama spielt mit Anna Memory? Stinklangweilig! Ich weiss eh schon, wo alles liegt! Laufstall und Babyspielcenter? Kannste knicken. Ich will auch so was wie Mama mit dem Bildschirm und den vielen Tasten! Malen mit den Wachsmalmäusen? Hey, Leute, was soll ich mit dem Babykram? Schließlich bin ich schon neun Monate! Vergesst es!"
Irgendwann ist es so weit. Das Dauergenöle hält ja kein Mensch aus. Ich rufe meinen Mann an, doch der hat keine Zeit, mit ihr zum Bungee Jumping zu gehen oder ein Feuerwerk für sie abzufackeln.
Notprogramm startet: Wasser einlassen und die zwei Schnitten einweichen bis sie sich müde geplantscht haben und mit schrumpeligen Waschfrauenhänden freiwillig in die Koje wollen. Abendbrot gibt's ausnahmsweise intravenös, Gute-Nacht-Zeremonie, Tür zu, zischschsch ... ein Becks für mich und – wechschnarchchch!

KLARA
FER
TIG
HEIA,
HAA
LLOOO
FERT
HEI
AAA
AAAD.
BUNGEE
FEU
WE ER
K...
ICH WILL
HIER RA
US.....!
D@NK
DURA-
ELL
MIT DEM
KUPFER
KOPF...

Der theatralische Ödipus

Sie traf unsere Familie unvermittelt, plötzlich und mit voller Wucht: Die ödipale Phase! Viel besungen, war ich dennoch überzeugt, sie sei ein Mythos, ebenso wie der, nach dem sie benannt wurde. Es ist noch nicht allzu lange her, da diskutierten wir, mein Mann Emil und ich, über ihre Existenz. „Anna ist jetzt vier", konstatierte mein Mann nüchtern, „und ich merke rein gar nichts von einer ödipalen Phase." Wie Recht er hatte! Die wenigen Male, die ich mich erdreistet hatte, alleine zum Sport aufzubrechen, hatte Anna getobt und sich gebärdet, als würde mich da draußen sofort ein schwarzes Loch einstrudeln. „Sag mal, wie war das eigentlich noch mal mit diesem Ödipus?", überlegte ich. Emil holte den Wälzer der römischen und griechischen Mythologie. Das Ende war bekanntlich tragisch: „.... als er die Wahrheit erfuhr, blendete er sich selbst, verfluchte die Söhne, die er mit seiner Mutter gezeugt hatte, und ging ins Exil in den Hain von Kolonos." „Auch schon wieder so ein theatralischer Spinner. Dass die damals immer so maßlos übertreiben mussten! Heute würde man den in die geschlossene Anstalt einweisen!", ereiferte ich mich sofort. Vorschnell, wie mir heute scheint! Keine zwei Wochen später bin ich nämlich total von der Muffe gepufft: Es ist Sonntag, Emil spielt mit Anna „Erzähl mir was". Leider sind sie just in dem Moment fertig, als ich dazustoße. Emil nutzt die

Zäsur und steht auf, um den Formel 1-Start im Wohnzimmer zu verfolgen. Nicht gerade ein kindgerechtes Programm! Und jetzt lässt er die Kleine einfach sitzen, typisch Mann! Da muss die Oberglucke doch gleich agieren: „Na, Annachen, ist doch nicht so schlimm, Mami spielt mit Dir weiter." Gutzi-gutzi-dududu ... Wir verteilen Karten, ich fange an und lege mich mächtig ins Zeug, präsentiere eine Geschichte voller Dramatik und Esprit, in der trotzdem wirklich alle aufgedeckten Bider auf den Karten vorkommen. Souverän sehe ich zu Anna hinüber, erwarte Begeisterungsstürme, Standing Ovations, wenigstens eine Ein-Kind-La Ola. Anna schaut mir bestürzt in die Augen: „Mama, sei nicht traurig, ich spiel wann anders mal mit Dir. Aber jetzt schau ich lieber mit dem Papsi das mit den Rennautos. Okay?", springt auf und weg. Häää??? Nachdem ich die Spielkarten und die Bauklötze, die ich gestaunt habe, aufgeräumt habe, regen sich Zweifel. Was zum Teufel ist bloß los? Habe ich Mundgeruch? Achselschweiß? Oder rieche ich schon wieder deutlich nach meinem neuen Lieblingsparfum Chanel Babykotze No. 5? Nichts von alledem... Sie wird doch nicht etwa...? Nein, das kann doch gar nicht... Für einen Moment denke ich an den Luxusheimwerkerwerkzeugkoffer meines Mannes. In diesem tollen Koffer gibt es nämlich ein Gerät, das aussieht wie ein ganz stinknormaler Schraubenzieher. In Wirklichkeit ist es aber ein Wunderwerk der Technik: Ein Phasenprüfer!

RROARRR
DRÖÖÖHN
KREIIISCH
QUIEEETSCH
OLÉ OLÉ end- lich guckt eine mit...
Aber...
ANNA
"WAS IST DENN LOS MIT DIR ???
Komm doch zu MAMAAA...
* scheiss Rennautos *
* scheiss Fußball *
* scheiss Phase *
* scheiss Ödipus *
* ARSCH *
HÖLLE

Jawoll! Warum gibt's so was denn nicht für Kinder? Ein kleines, unauffälliges Gerätchen, das man dem Nachwuchs im Vorüberflitzen schnell mal an die Stirn hält, und das einem dann einen Wimpernschlag später genau sagen kann, welches Drähtchen durchgeschmort, oh, Entschuldigung, ich meine, welche Phase gerade angesagt ist. Wie einfach wäre da manches für uns leidgeprüfte Eltern! Der Phasenprüfer sagt Trotzphase? Na, dann richten wir eben eine kleine, schallgedämpfte Gummizelle ein, wo sich Junior auch nicht verletzen kann, während er versucht, alles kurz und klein zu schlagen. Phasenprüfer verkündet die anale Phase? Dann kaufen wir eben schnell ein Töpfchen, denn genau heute ist der Tag zum Sauberwerden. Und diagnostiziert der Phasenprüfer die Pubertät, machen wir uns ebenfalls gar keinen Stress. Wir basteln uns ein Schild zum Umhängen: „Spießer der Nation. Bitte nicht beachten!" Doch leider, leider wurde selbiges Wunderinstrument noch nicht erfunden, und der echte Phasenprüfer kann nur Strom orten.

Als die Rennautos uninteressant werden, erheben sich die beiden Turteltäubchen und kommen zum Essen fassen. Ich sitze schon am Tisch, das Brot vorgeschnitten, alles gedeckt für eine idyllische Vesper. Auf der Stelle macht sich Anna über den Brotkorb her, zwei Scheiben für sie ... kommen auf ihren Teller, sechs Scheiben für Papsili, denn „der Papsi hat bestimmt ganz doll Hunger"... kommen auf

Papsili´s Teller. Es bleibt der leicht angedörrte Anschnitt und die Krümel für mich. Emil trinkt aus Annas Glas. Ich rechne mit dem Schlimmsten, doch es kommt anders: „Papsi, du darfst schon von mir trinken, weil wir uns ja lieben und auch manchmal ein Bussi geben. Da stört mich Deine Spucke nicht."
– Ich krieg gleich einen Föhn!!!
„Papsi, bist Du heute Abend mal das Pferd, wenn ich zum Schlafen reite?", Annas Augen leuchten Emil an. Mir tun zwar heute nicht die Knie weh wie sonst, wenn ich Pippi Langstrumpfs ‚Kleiner Onkel' sein muss, aber so ein kleiner Stich im Herzen ... nein, den kann ich nicht leugnen. Und noch etwas ist wohl unleugbar: Sie ist da, die ödipale Phase. Gnadenlos. Wie konnten wir hoffen, verschont zu bleiben?
„Papsili, können wir morgen mal zusammen Fußball gucken?", fragt Klein-Eva ihren Adam beim Gute-Nacht-Kuss mit verführerischem Augenaufschlag. Hypertheatralisch? Maßlos übertrieben? Ich nehme alles zurück, was ich über den armen Ödi von mir gegeben habe. Leiere noch artig das Schlaflied runter – weil Papsi doch zu schief jault – blende mich, Söhne verfluchen fällt aus wegen is' nich', und wandere in den Hain von Kolonos ins Exil. Zumindest, bis die ödipale Phase vorbei ist.

Von meinen und echten Problemen

Böse Zungen behaupten, wir Familienmanagerinnen von heute würden dank der modernen Errungenschaften wie Wasch- und Spülmaschine nur noch vor dem Fernseher abhängen und Talksendungen mit Titeln wie „Ich hatte Gruppensex mit mehreren Aliens und weiß nicht, welcher der Vater meiner Kinder ist" verfolgen. Schmach und Schande über diese Verleumder unseres gerade eben neu erfundenen Berufsstandes! Wir Familienmanagerinnen haben immer etwas zu tun, der komplette Tag ist angefüllt mit interessanten Herausforderungen wie innovativer Textilpflege (ehemals Waschen und Bügeln), Wellness- und Spa-Events (ehemals Kinder baden) und Fit-for-Fun-Cooking (ehemals Gemüseeintopf kochen). Mein neues Image gefällt mir. Ich bin toll, dynamisch und ... erfolglos!

Erfolglos zumindest, was meine positive Auto-suggestion angeht. Ein erneutes Aufwallen der längst bewältigt geglaubten Trotzphase – waren wir nicht schon bei Ödipus? – reißt mich als erstes jäh aus meinem Berufstraum. Anna, robbt morgens um sieben halb nackt und gröhlend durch den Flur, nur weil ich sie in der Küche mit der Frage begrüßt habe: „Möchtest Du heute Schokoflakes wie immer oder lieber das ganz frische Brot mit Nutella?" Zwischen wilden, unverständlichen Urwaldlauten höre ich Sätze wie: „Ich will kein Nutellabrot",

„Ich will doch keine Schokoflakes", „Ich will kein Nutellabrot und auch keine Schokoflakes, weil Du mir beides erlaubt hast!" ... ??????
Leider versäume ich die Gelegenheit, ihr schnell einen Schrubber unter dem Rücken zu befestigen, denn so hätte sie wenigstens gleich den Boden fegen können! Unsere jüngere Tochter Klara hat Brechdurchfall und Emil eine ultrawichtige Konferenzschaltung mit Bombay und Istanbul, die keinen Aufschub duldet. Im Kindergarten haben sie gerade mal wieder Läuse im Angebot. Die Waschmaschine läuft aus, die Espressomaschine kocht über, beim Wickeln fällt mir auf halber Strecke auf, dass die Windeln alle und der Ersatz im Vorratsschrank ist. Mit poponacktem Baby mache ich mich auf die Suche und bemerke gerade noch den vom Drücken hochroten Kopf, als schon eine feuchtwarme Pampe mein helles Hosenbein hinunterrinnt. Scheiße! Und das im wahrsten Sinne des Wortes!
Nachdem ich endlich unsere Jüngste doch noch trockengelegt und mit einem entsprechenden Zäpfchen versorgt habe, gelingt es mir mit viel Geduld und Singsang, sie schlafen zu legen. ‚Schlaf, Kindlein, schlaf' das ist die beste Medizin! Bis zum Abholen der Großen aus dem verlausten Kindergarten bleibt mir noch eine Stunde. Ich schmeiße sämtliche Fit-For-Fun-Cooking-Vorsätze über Bord, brühe mir eine Fertigsuppe auf, lümmele mich aufs Sofa und zappe kurz durch die

Mittagsprogramme. Hängen bleibe ich bei Peggy, laut Einblendung ‚Hausfrau aus Hinterschluppsingersgrün‘, die gerade dem fassungslosen Publikum und der Talkmasterin unter Tränen berichtet, dass ihr rechtes Ohrläppchen dicker ist als das linke. Die Jury verlost eine Schönheits-OP. Ich lehne mich zurück und beginne, mich etwas zu entspannen: Hausfrau hin, Familienmanagerin her. Wie man es auch nennt, der Job kann an die Substanz gehen. Doch wer behauptet, wir würden uns diese albernen Talksendungen im Mittagsprogramm reinziehen, hat leider Recht. Zwar tragen sie kein bisschen zur Förderung des Intellekts bei, um beim nächsten Wissenschaftlerbesuch aus Timbuktu angemessene Konversation betreiben zu können, dafür bringen sie mir aber immer wieder eine höchst beruhigende und befriedigende Erkenntnis: Im Vergleich zu den Gästen im Studio bin ich eigentlich relativ normal – und ich habe keine wirklichen Probleme, denn meine Ohrläppchen sind – Gott sei Dank – gleich dick!

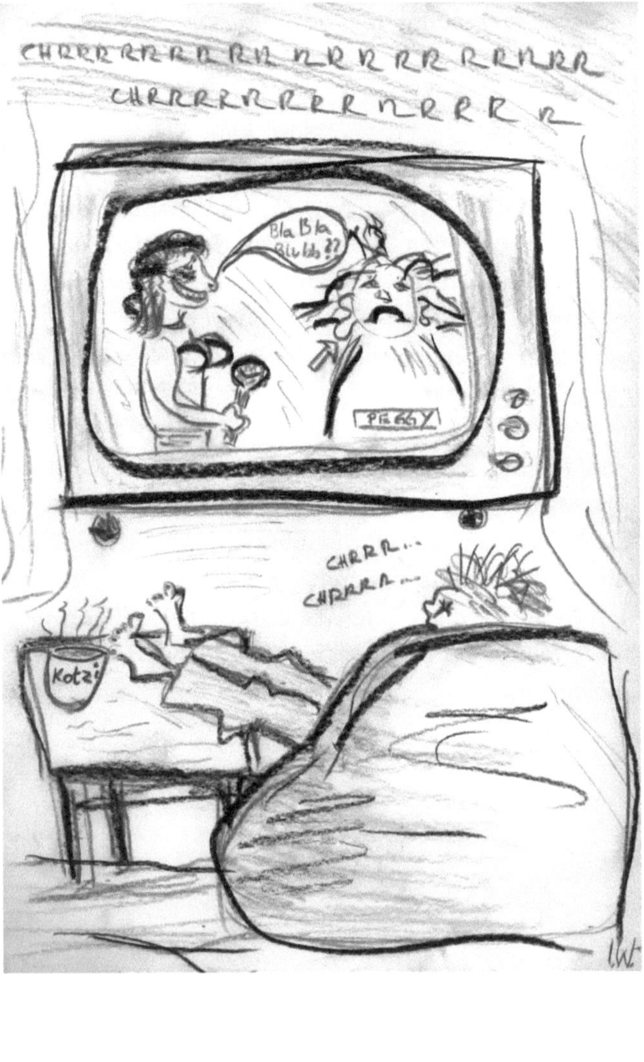

CHRRRRRRRRRRRRRRRRRR
CHRRRRRRRRRRRRR
Bla Bla Blubb??
PEGGY
CHRRR...
CHRRRR...
Kotz

Inhalt